Mon
Premier
Larousse
de l'éveil

RÉDACTION

Denise **Chauvel**, conseillère pédagogique pour les écoles maternelles,
avec les conseils de Valérie **Faggiolo**, institutrice de maternelle,
Laurence Lentin, linguiste, spécialiste de l'apprentissage du langage
et Laure **Cambournac**.

ILLUSTRATIONS

Peter **Allen**

Christian **Aubrun**

Robert **Barborini**

Gwen **de Bonneval**

Nathalie **Choux**

Bernard **Ciccolini**

Virginie **Desmoulins**

Nathalie **Dieterlé**

Charles **Dutertre**

Virginie **Guérin**

Aurélie **Guillerey**

Olivier **Latyk**

Marc **Lizano**

Dorothée **de Monfreid**

Muzo

Anouk **Ricard**

Béatrice **Rodriguez**

Rémi **Saillard**

Mathieu **Sapin**

Marjane **Satrapi**

Illustration de couverture:
Dorothée **de Monfreid**

Direction artistique, conception graphique & réalisation:
F. Houssin & C. Ramadier pour **DOUBLE**
Direction éditoriale: Françoise **Vibert-Guigue**
Édition: Nathalie **Weil**
Correction: Jacqueline **Peragallo**
Direction de la publication: Dominique **Korach**
Fabrication: Jacques **Lannoy**

© Larousse / VUEF 2002 • 21, rue du Montparnasse - 75 006 Paris
ISBN 2-03-553029-6 • Imprimé en Espagne par Graphica Estella • Photogravure: Passport
Dépôt légal: septembre 2001 • N° de projet: 10087305
Conforme à la loi n° 49 956 du 16 juillet 1949 sur les publications destinées à la jeunesse.

Mon Premier Larousse de l'éveil

LAROUSSE

Sommaire

Vivre ensemble

Bien parler

Pour vous aider à choisir ce qui convient mieux à votre enfant,
repérez-vous avec les couleurs :

● Plus **facile**   ● Plus **difficile**

Les **maths**

Le **temps**

Vivre **ensemble**

Vivre ensemble

À la **maison**

C'est à la maison, en famille, qu'on commence à découvrir la vie à plusieurs.

Dans la **famille**, quand tout le monde s'aime, on est heureux.

Les parents **apprennent** aux enfants à éviter les **dangers**,

à se débrouiller de plus en plus **tout seuls**,

à **partager** avec leurs frères et sœurs.

On apprend aussi à **faire attention** aux autres,

à **aider** les autres.

On **s'amuse**, on fait la fête.

À la maison, quelques bonnes habitudes rendent la vie ensemble plus agréable.

Dire **bonjour** et **au revoir**.

Dire **s'il te plaît** et **merci**.

Ne pas faire trop de **bruit**.

Venir manger **en même temps** que les autres.

Manger **proprement** et **doucement**.

S'essuyer les pieds sur le paillasson avant d'entrer…

Vivre ensemble

En pleine **forme** !

➡️ **Pour être en pleine forme**, rester en bonne santé, il y a quelques recettes faciles à suivre.

Se laver tous les jours.

Se brosser les dents le matin et le soir et, quand c'est possible, après chaque repas.

Se laver les mains avant et après chaque repas et en sortant des toilettes.

Changer de vêtements quand on fait du **sport.**

Prévenir ses parents quand on se gratte la tête… car on risque d'avoir des **poux** !

Se coucher de bonne heure
pour avoir une bonne nuit de sommeil.

Ne pas manger toujours la même chose.
Goûter un peu de tout.

Manger seulement **au moment des repas.**

Ne **pas** manger **trop de sucreries.**

Ne pas manger trop vite;
bien mâcher les aliments.

Boire beaucoup d'eau et pas trop de jus
de fruits et de boissons sucrées.

Vivre ensemble

Attention, **dangers** !

Dans la maison, il y a des choses très dangereuses. Trouve tout ce qu'il ne faut pas faire.

SOLUTIONS : S'approcher d'une plaque chauffante, d'une casserole. Se pencher à la fenêtre.

12

SOLUTIONS : S'approcher du feu. Toucher aux appareils électriques.

SOLUTIONS : Courir avec quelque chose dans la bouche. Jouer avec des allumettes. Regarder la télévision de trop près.

SOLUTIONS : Monter sur une armoire. Toucher aux médicaments. Boire des liquides.

13

Dans la **rue**

Dans la rue aussi, la vie devient plus agréable pour tout le monde... si chacun fait un peu attention aux autres !

On ne **bouscule** pas les gens.

On reste à sa place dans une **file d'attente**.

On ouvre la porte à une personne chargée de paquets.

Dans le bus, **on laisse sa place** à une personne âgée ou à une femme qui attend un bébé.

La rue appartient à tout le monde.
Il faut en prendre soin, comme de sa maison.
Trouve tout ce qu'il ne faut pas faire.

Les **dangers** de la **rue**

La rue est dangereuse.
Dans la rue, il faut :

❶ S'arrêter devant les sorties de voiture.

❷ Ne pas ramasser d'objets inconnus.

❸ Ne pas passer derrière les voitures en sationnement.

❹ Ne pas faire de patins à roulettes sur la chaussée.

❺ Traverser quand le feu est rouge.

❻ Ne pas marcher au bord d'un trottoir.

❼ Ne pas traverser une rue en courant.

❽ Ne pas jouer au ballon.

❾ Descendre de voiture toujours du côté du trottoir et faire attention quand on ouvre la porte.

À l'école

À l'école,
on apprend à vivre
avec d'autres enfants.

On ne parle **pas tous en même temps**.

On attend son tour pour parler.

Trouve
ce qu'il ne faut pas faire
dans la classe.

SOLUTIONS : *Jeter des papiers. Déchirer des livres.*

SOLUTIONS : *Se promener dans la classe. Parler à son voisin. Se mettre les doigts dans le nez.*

On accepte de **perdre**.

On ne se **bat pas**.

On ne **bouscule pas** les autres.

Trouve ce qu'il ne faut pas faire dans la cour.

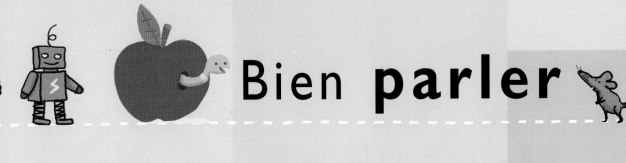 Bien **parler**

Quand **on parle**...

... **on raconte**, on pose une question, on dit des mots doux, on encourage, on récite. Essaie de retrouver toutes ces façons de parler dans les images.

a Tu sais, pour mon anniversaire, j'ai eu des rollers !

b Mon roudoudou, ma Lilou, je t'aime !

c Allez les Bleus, allez les Bleus...

d À l'enterrement d'un escargot...

e Maîtresse, c'est bientôt les vacances de Noël ?

SOLUTIONS : **a.** On raconte. **b.** On dit des mots doux. **c.** On encourage. **d.** On récite. **e.** On pose une question.

 **Quand** on parle, on peut aussi...

... expliquer quelque chose,

donner un ordre,

prévenir d'un danger,

décrire une image,

informer des personnes.

Raconter les **histoires**

Quand on raconte une histoire, l'ordre des phrases est très important : si on change l'ordre des phrases, on raconte une autre histoire !

Boucle d'or arrive dans la maison des ours.

Elle boit du chocolat et casse une chaise.

Elle s'endort au chaud dans un petit lit.

Les trois ours rentrent chez eux, furieux.

Boucle d'or se sauve par la fenêtre.

Observe
ce qui a changé
d'une page à l'autre,
dans l'histoire
de Boucle d'or.

Boucle d'or se sauve
par la fenêtre.

Boucle d'or arrive
dans la maison des ours.

Les trois ours rentrent
chez eux, furieux.

Elle boit du chocolat
et casse une chaise.

Elle s'endort au chaud
dans un petit lit.

bien parler

Les **mots** pour **parler**

Quand on dit quelque chose, l'ordre des mots est très important. Si on change l'ordre des mots, ça ne veut plus dire la même chose. Observe ce qui a changé.

Un chien attaque Romain.

Romain attaque un chien.

Un cow-boy galope sur un cheval.

Un cheval galope sur un cow-boy.

Quand le coq chante
le soleil se lève
et Marie aussi.

Quand le coq se lève
Marie chante
et le soleil aussi.

Quand le soleil se lève
Marie chante
et le coq aussi.

Quand les mots sont mis n'importe comment, ça ne veut plus rien dire !

Rémi piétine une fourmi.

Une fourmi piétine Rémi.

Fourmi une Rémi piétine.

À toi de jouer

Pour retrouver l'histoire de Blanche-Neige, remets les images dans le bon ordre.

a

Le chasseur a pitié de Blanche-Neige, il la laisse s'échapper dans la forêt.

b

Blanche-Neige court se réfugier dans une toute petite maison.

c

La reine interroge son miroir: « Suis-je la plus belle ? »

d

Furieuse et jalouse, la reine demande à un chasseur d'aller tuer Blanche-Neige.

e

Le miroir dit à la reine que Blanche-Neige est bien plus jolie qu'elle !

SOLUTION : c, e, d, a, b.

28

Mets les images dans le bon ordre et raconte l'histoire du Petit Chaperon rouge.

Regarde bien chaque image et fais la bonne phrase avec les mots.

verte   jouent   Les   avec
chatons   balle   une

grenouille   mare   La   dans
la   saute

route   Le   traverse
hérisson   la

bien parler

Les **mots**

▷ **Il existe** toutes sortes de mots : des mots pour parler des personnes, des animaux, des objets, de ce qu'on fait...

Chloé • Flora • Pierre • Marie • Jonathan • Paul • Théo • Arthur

Chacun d'entre nous a **un prénom**. Ce prénom est aussi **un mot**.

une fenêtre • un tabouret • un tableau • un feutre • un dessin • une maîtresse • une table • une plante • un livre • un élève

Mets le bon **mot** dans chaque bulle.

Faire l'équilibre • Courir • Tomber • Aimer • S'asseoir • Dormir • Sauter • Embrasser • Marcher

Trouve le mot qui correspond à chaque image.

Jaune • Tristes • Rouge • Bon • Contents • Brûlé

Les enfants sont _____

Le gâteau est ___

La nappe est _____

Choisis le **mot** qu'il faut pour compléter les **phrases des bulles**.

bien
parler

Mots **longs** ou mots **courts** ?

Les mots sont plus ou moins longs.
Mais leur longueur n'a rien à voir avec ce dont on parle.

coccinelle

champignon

sauterelle

Il existe des mots **très longs** pour de **petites choses**.

géant

tour

Il existe des
petits mots
pour de
grandes choses.

train

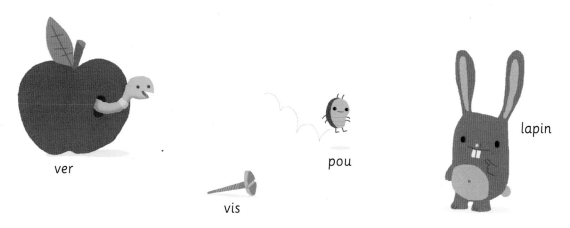

ver

vis

pou

lapin

Mais il existe aussi de **petits mots** pour de **petites choses ou de petits animaux**,

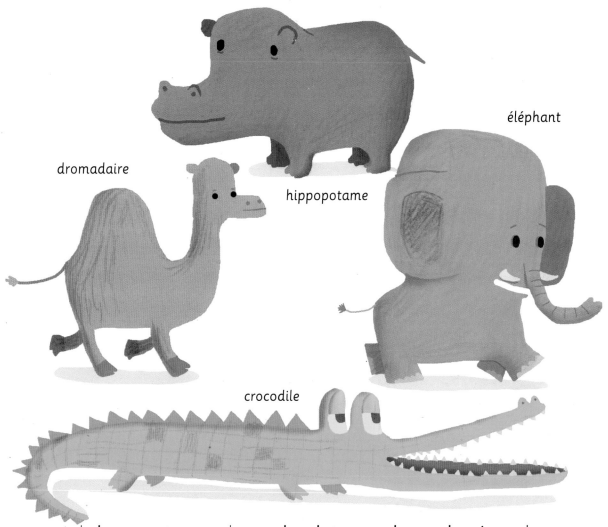

dromadaire

hippopotame

éléphant

crocodile

et de **longs mots** pour de **grandes choses ou de grands animaux**!

À toi de jouer

Dans chaque phrase, le dessinateur a mal compris un mot. Trouve ce qu'il aurait dû dessiner.

a

Pamela épluche une **gomme**.

b

Sidonie fait sécher son **singe**.

c

Le chien de berger surveille ses **boutons**.

d

Quatre enfants jouent aux **tartes**.

e

Léo ramasse des feuilles avec un **gâteau**.

SOLUTIONS : **a.** Pomme. **b.** Linge. **c.** Moutons. **d.** Cartes. **e.** Râteau.

Remplace le mot qui est faux par le bon mot.

Le chat fait sa sieste **sur** une chaise.

Lulu mange une tarte aux **pommes**.

Tom est **assis** sur une chaise.

Juliette a une **robe** neuve.

Marc se promène avec sa **petite** sœur.

SOLUTIONS : a. Sous. b. Fraises. c. Debout. d. Jupe. e. Grande.

bien parler

Un ou une, le ou la ?

Devant certains mots, on dit « un » ou « le ».
Devant d'autres mots, on dit « une » ou « la ».

Un champ. Le ciel. Un tracteur. Un râteau. Le soleil. Un canard. Un fermier. Un cochon. Un arbre. Un garçon.

Dans ces deux images, trouve les 10 mots en « un » ou « le » et les 7 mots en « une » ou « la ».

Une brouette. Une pelle. La lune. Une voiture. Une vache. Une fermière. Une cane.

Pour les garçons, on dit « un », pour les filles, on dit « une ». Trouve ce qu'il faut dire.

-- maître

-- coiffeur

-- chat

--- maîtresse

--- coiffeuse

--- chatte

Mais on dit toujours « un dauphin » et « une girafe », qu'ils soient mâles ou femelles.

bien parler

Un ou des ?

Quand il y a une seule chose, un seul animal, une seule personne, on dit « un » ou « une ». Quand il y en a plusieurs, on dit « des ». Trouve ce qu'il faut dire.

-- gâteau   --- gâteaux   --- -------

-- chat et --- souris

38

-- ballon

--- ballons

--- cerise

--- cerises

--- chaussure

--- chaussures

-- ami

--- amis animaux

bien
parler

Un **œil**, des **yeux**...

On dit « un œil » mais « des yeux »... Connais-tu les autres mots ?

Un œil   Des **yeux**

Un **cheval**

Des -------

Un **journal**

Des --------

Un **hôpital**

Des --------

Un **animal**

Des -------

Un **signal**

Des -------

Un **œuf**   Des -----------

Un **bocal**   Des ------

Un **canal**

Des ------

À toi de jouer

On dit « un » devant tous ces noms d'instruments de musique, sauf un. Trouve-le.

SOLUTION : Une **trompette**, un piano, un violon, un xylophone, un tambour, un triangle, un trombone.

On dit « une » devant tous ces noms de jouets, sauf un. Trouve-le.

SOLUTION : Un **arc**, une épée, une ferme, une poupée, une moto, une corde à sauter, une voiture.

Trouve tous les noms d'animaux où on dit « un ». Trouve tous les noms d'animaux où on dit « une ». Trouve tous les noms d'animaux où on dit « des ».

SOLUTIONS : Un dromadaire, un lion, une girafe, des pingouins, des singes, une tortue, des flamants roses, un zèbre, un éléphant.

Je, tu, il...

« **Je** », « **nous** », « **tu** », « **vous** », « **elle** », « **ils** » : ces petits mots remplacent souvent le nom des personnages. Trouve le mot qui manque.

SOLUTIONS : Nous. Tu.

Jules dit
qu'il mange du chocolat.

Jules dit qu'il part en
vacances avec sa famille.

Jules dit à sa mère qu'elle
a un beau tee-shirt.

SOLUTIONS : Vous. Elle. Ils.

Jules demande
à ses parents de venir
se baigner.

Jules dit que sa sœur
nage vraiment bien.

Jules dit que sa sœur
et son copain font
un château de sable.

44

« **Mon** », « **notre** », « **ta** », « **votre** », « **son** », « **leur** » : ces petits mots indiquent à qui appartient une chose, un animal, une personne.
Trouve le mot qui manque.

Julie dit que son vélo est crevé.

Julie dit que la maîtresse de sa classe est gentille.

Julie dit à sa sœur que sa robe est jolie.

Julie dit aux enfants que leur maman arrive.

Julie dit à Paul que Clara met son manteau.

Julie dit que ses parents font leur lit.

SOLUTIONS : *Notre. Ta. Votre. Son. Leur.*

Ça se passe **quand** ?

On ne parle pas de la même façon de ce qui se passe maintenant, des choses qui se sont déjà passées et de ce qu'on fera plus tard.

> Moi aussi, quand j'étais un bébé, je buvais au biberon.

Ça se passait quand **Jules était petit.**

> Maintenant que j'ai grandi, je bois mon chocolat dans un bol.

Ça se passe **maintenant.**

> Quand je serai grand, je boirai un peu de champagne, comme papa.

Ça se passera **quand Jules sera grand.**

Alice mangera le gâteau
avec ses amis quand ils seront là.

 **Remets**
les images
dans l'ordre.

Alice a préparé
un gâteau au chocolat
pour ses amis.

La maman d'Alice met le gâteau au four.

SOLUTION : b, c, a.

Hier, **aujourd'hui**, demain

⟹ **Pour parler** du temps qui passe, on utilise des mots différents.

L'école est finie.
Maintenant, Antoine joue.

Avant de jouer,
Antoine
a pris son goûter.

Après avoir joué,
Antoine prendra
son bain.

À toi de jouer

Retrouve de qui parle le professeur Lapin.

a

b

1. Ils se battent.

2. Elle a mis sa jupe à pois blancs.

3. Il joue au ballon.

4. Elles mangent des glaces au chocolat.

c

d

SOLUTIONS : 1. Ce sont les chats : **c**. 2. C'est la maîtresse. : **d**. 3. C'est le chien : **a**. 4. Ce sont les petites filles : **b**.

Remets dans l'ordre ces images qui racontent la journée de Tom.

bien parler

Joyeux ou triste ?

On peut être
« joyeux » ou « triste ».
Un mot dit une chose.
Un autre mot dit son contraire.
Retrouve le contraire
de chacun de ces mots.

Joyeux   ------

Méchant   ------

Propre   ----   Intérieur

Lent   ------   ---------

SOLUTIONS : Triste. Gentil. Sale. Rapide. Extérieur.

Dormir

Sur

Lourd

Monter

Court

Heureux ou content ?

Il y a souvent plusieurs mots pour dire la même chose. Essaie de trouver un autre mot pour chaque image.

Heureux ou -------

Voiture ou ----

Vélo ou ----------

Enlever ou -------

Vêtement ou -----

Nattes ou -------

Étonné ou -------

Drôle ou -------

SOLUTIONS : *content, auto, bicyclette, retirer, habit, tresses, surpris, amusant.*

 **Certains mots** se disent pareil mais ils ne veulent pas dire la même chose. Trouve celui qui manque.

Jules fait du **saut en longueur**. Alice joue avec un ----. Médor est un peu ---.

Un **verre** de lait Un --- de terre Un pantalon ----

Certains se disent et s'écrivent exactement pareil, mais ils ne veulent pas dire la même chose.

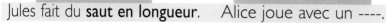

Marie est **partie** à l'école. Caroline écoute la **radio**. La **sirène** plonge dans la mer.

Zoé fait une **partie** de carte. Félix se fait faire une **radio**. La **sirène** des pompiers hurle.

gros

réparer

beaucoup

froid

ouvrir

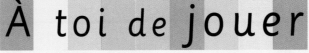
À toi de jouer

Retrouve deux par deux les dessins qui montrent des contraires.

maigre

vendre

chaud

SOLUTIONS : *a/e. b/h. c/i. d/k. f/j. g/l.*

acheter

peu

abîmer

fermer

Ces images vont deux
par deux. Dis pourquoi.

Claire se regarde dans la **glace**.

Alexandre mange une **glace**.

Le bateau est sur la **mer**.

Alexandre
se promène
avec sa **mère**.

Léon dort dans une **tente**.

Marie est la **tante**
d'Alexandre.

SOLUTION : Dans ces images, il y a un mot qui se prononce pareil, mais qui ne veut pas dire la même chose.

Les **familles** de **mots**

bien parler

➤ **Les mots**, eux aussi, font partie d'une famille. Trouve les mots qui manquent.

Pomme

Couleur

Dessin

Camion

SOLUTIONS : Pommier. Colorier. Coloriage. Dessiner. Dessinateur. Camionneur. Camionnette.

Avion

Aviation

Dent

Magie

Magique

Chien

Chenil

bien parler

Qu'est-ce que c'est ?

➤ **Un mot** peut parfois signifier beaucoup de choses différentes. Retrouve celui qui correspond à chaque image.

Un fauteuil, un lit, un bureau, une chaise, un canapé, une commode, une table, un tabouret, sont des -------.

Un short, un manteau, une jupe, un pantalon, un imperméable, un chemisier, sont des ---------.

60

Une mousse au chocolat, une tarte, une charlotte, une glace, des fruits, un clafoutis, sont des --------.

Une péniche, un hors-bord, un chalutier, un voilier, une barque, sont des -------.

Un bourdon, une coccinelle, une abeille, une guêpe, une fourmi, une mouche, sont des --------.

À toi de jouer

Dans cette page, retrouve les mots qui vont ensemble, qui sont de la même famille.

Chevalier Chaussette Joueur Poule

Jouets Char Poulailler Chaussures

Jouer Poulet Charrette Oreille

Chaussons Cheval Chariot Oreiller

Trouve les mots qui manquent.

Une **barque** est un petit ------.

Les **cerises** sont des ------.

Le **perroquet** est un ------.

Les **marguerites** sont des ------.

Les **pommes de terre** et les **carottes** sont des -------.

Un **sapin** est un -----.

SOLUTIONS : bateau, fruits, oiseau, fleurs, légumes, arbre.

L'alphabet

⟹ **Les mots** s'écrivent avec des lettres. En français, il y a 26 lettres différentes. Retrouve la première lettre de ton prénom.

Les **lettres**

Dans chaque ronde, trouve des prénoms qui commencent par la lettre sur la pancarte.

SOLUTIONS : Marie, Malek, Marion, Mathilde, Manuel.

À toi de jouer

SOLUTIONS : Âne. Affiche. Ananas. Arbre. Avion. Astronaute. Abeille. Accordéon. **Intrus :** Girafe.

68

SOLUTIONS : Baleine. Bonhomme. Botte. Bouteille. Bateau. Banquise. Bidon. **Intrus :** Pingouin.

SOLUTIONS : Lion. Lettre. Loup. Lune. Livre. Lampadaire. Lapin. Lunette. **Intrus :** Étoile.

Écrire

Dans une journée,
on peut écrire beaucoup de choses.

Des **adresses** et des **numéros**
de téléphone.

Un **travail**.

Les **devoirs**
sur son cahier
de textes.

Une **liste** de courses.

Un **formulaire**
pour s'inscrire
en colonie
de vacances.

Une **carte**
postale.

Une **liste** de copains pour son anniversaire.

Le **récit** de sa journée dans son journal de bord.

Un **mot** dans le carnet de correspondance.

La **date** au tableau.

Un **e-mail** à un ami.

Une **consigne** sur un Post-it.

Une **invitation** à un goûter.

bien parler

Lire

▷ **Dans une journée,** on peut aussi lire beaucoup de choses.

Un livre

Une affiche

Un CD-Rom

Un emballage

Un menu

Un faire-part

Un panneau

Un mode d'emploi

Un plan

Un journal

Un programme

Lire des livres

Quels sont les livres que tu préfères ?

Dans un **album**, il y a peu de mots, mais beaucoup d'images.

Dans un **roman**, il y a beaucoup de mots, mais peu ou pas du tout d'images.

Un **documentaire**, c'est un livre qui apprend des choses.

À l'école, on apprend dans des **manuels scolaires**.

Une **BD** est une histoire racontée dans de petites images et des bulles.

bien parler

Les **trois** manières d'**écrire**

Retrouve ce qui est écrit en bâton, en attaché, en script.

a

UN FILM DE MARTIN WOLTON

LES DEUX FRÈRES

b

LE LAIT C'EST BON POUR LA SANTÉ

BUVEZ DU LAIT

e

Mon album

Moi, à 6 mois

grand-mère très bien. Je suis en ne avec mes parents. J'espère te voir bientôt

d

c

Chère madame,

Nous organisons une vente exceptionnelle de vêtements, le samedi 14 mai. Nous comptons sur votre présence...

SOLUTIONS : a. Bâton. b. Bâton. c. Script. d. Attaché. e. Script.

bonjour

bonjour

bonjour

bonjour

bonjour

bonjour

bien parler

Parlez-vous français ?

Sur Terre, les gens parlent des milliers de langues différentes. Elles ne s'écrivent pas toutes de la même façon que la nôtre. Devine ce que ces gens disent.

Buenos dias

Good morning

Bom dia

God Dag

Guten Tag

Buongiorno

Espagnol   Anglais   Portugais   Suédois   Italien   Allemand

  # Les maths

Les **formes**

Connais-tu le nom des différentes formes ?

Le **carré**

Le **rectangle**

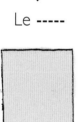

Le **rond**

Le **triangle**

Le **losange**

Le -----

Le -----

Le -----

SOLUTIONS : Le carré, le rectangle, le triangle.

les maths
3

82

SOLUTIONS : Cubes: tabouret de l'éléphant, cubes du jongleur. **Ronds:** cerceau, roues du vélo, dessins du tabouret.

 **Les formes** en volume portent d'autres noms.

Le **cube**

La **sphère**

La **pyramide**

Le **cône**

Le **cylindre**

Retrouve 6 formes qui sont cachées sur la piste du cirque.

Cônes: chapeaux des clowns. **Sphère:** ballon de l'acrobate. **Losanges:** habit du 1er clown. **Triangle:** triangle du clown.

83

À toi de jouer

Trouve la bonne réponse !

a Ce dinosaure jongle-t-il avec des **cubes** ou avec des **carrés** ?

b Y a-t-il un **triangle** ou un **losange** au bout des pelles ?

c Ce haut-parleur est-il en forme de **cône** ou de **pyramide** ?

d Les dents de ce monstre ont-elles la forme d'un **carré** ou d'un **rectangle** ?

e Ces bulles ont-elles la forme d'une **sphère** ou d'un **cube** ?

Dans cette image, trouve 2 cylindres et 4 pyramides.

Bien **rangé** !

les maths

Pour **bien ranger**, on met ensemble les choses qui se ressemblent.

Julie a bien **rangé** ses vêtements.
Mais elle a fait une **erreur**. Trouve laquelle.

SOLUTION : Elle a rangé un manteau à côté des pantalons.

SOLUTIONS : 1a, 2c 3b.

Dans **quelles caisses** faut-il ranger ces 3 objets?

Où Julie doit-elle **ranger** ces 2 cartes?

SOLUTION : L'as de cœur, à côté des autres cœurs. L'as de trèfle à côté des autres trèfles.

Catastrophe, toutes les cartes sont **mélangées**!

Dans quel **ordre** ?

Ranger, c'est aussi mettre en ordre.

❶ Dans quel ordre le photographe a-t-il rangé les enfants?

❷ Dans quel ordre les animaux sont-ils rangés?

SOLUTIONS : **1.** Du plus petit au plus grand. **2.** Du plus lent au plus rapide.

❸ Dans quel ordre ces arbres sont-ils plantés?

❹ Dans quel ordre ces enfants sont-ils placés?

SOLUTIONS : **3.** *Du plus petit au plus grand.* **4.** *Du plus jeune au plus âgé.*

89

À toi de jouer

4 personnages ne sont pas dans la bonne famille. Remets-les à leur place.

Famille Chapeau

Famille Marinière

Famille Mécontente

Famille Lunettes

90

SOLUTIONS : *Dans la famille Chapeau, il y a la fille Marinière. Dans la famille Marinière, il y a le fils Chapeau. Dans la famille Mécontente, il y a la fille Lunettes. Dans la famille Lunettes, il y a la grand-mère Mécontente.*

Qu'ont-ils en commun ?

Cerf. Lapin.

La **forêt**

Lion. Singe. Girafe.

La **savane**

Pingouin. Phoque. Ours blanc.

La **banquise**

Lion

Pingouin

Singe

Cerf

Place ces animaux dans le paysage où ils vivent.

Girafe

Phoque

Ours blanc

Lapin

91

À toi de jouer

Trouve les 4 choses qui sont mal rangées.

Classe ces personnages du plus jeune au plus âgé.

a   b   c   d

les maths

À qui est-ce ?

Trouve le **métier** de chaque personnage. Et redonne à chacun l'instrument qui est mal placé.

C'est le médecin qui a besoin du stéthoscope, pas le pâtissier.

C'est le peintre qui a besoin du pinceau, pas le médecin.

C'est le pâtissier qui a besoin du fouet à pâtisserie, pas le peintre.

Redonne au pêcheur, au bébé, au chien,
l'objet qui lui appartient.

Dans le **bon ordre**

Certaines choses doivent se faire l'une après l'autre, dans un certain ordre.

Quand on construit une maison…

On fait un plan.

On monte les murs.

On pose le toit.

On la peint d'une belle couleur.

C'est fini !

Si on ne fait pas les choses dans l'ordre, la maison risque de s'écrouler…

Avant sa naissance, une **jolie fleur**...

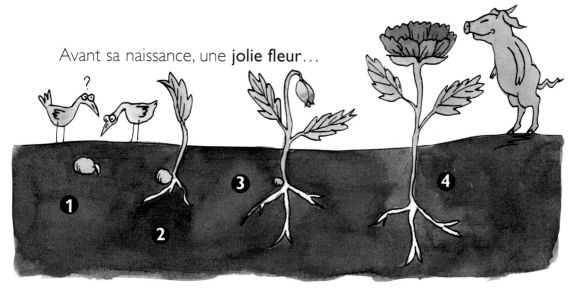

1. ... est une petite graine dans la terre. **2.** Les racines poussent. Une feuille sort de terre. **3.** Un bourgeon apparaît. **4.** Puis la fleur.

La **grenouille**...

... est d'abord un têtard. Les pattes poussent. Puis la queue. Et voici la grenouille!

 **Retrouve l'ordre** dans lequel Max s'est habillé.

SOLUTION : d, f, a, c, b, e

À toi de jouer

Remets dans le bon ordre les images de vacances de la famille de Max.

a

b

c

d

e

f

98   **SOLUTION :** b, a, c, d, f, e.

Trouve tout
ce qu'on utilise pour
1 : faire un gâteau,
2 : peindre un tableau,
3 : construire une maison.

SOLUTIONS : 1. b, c, f, h, l, m, n. 2. a, g, o, q, r. 3. d, e, i, j, k, p.

À quelle place sont-ils ?

Trouve quelle est la place de chacun.

Lequel est **à l'intérieur**?
Lequel est **à l'extérieur**?

Qui est **au-dessus**?
Qui est **au-dessous**?

Lequel est **devant**?
Lequel est **derrière**?

Montre
qui est
en haut,
en bas,
au milieu.

Qui est **sur** la table?
Qui est **sous** la table?

Quels papillons
sont **dans** le filet?

À **gauche** ou à **droite** ?

 **On a 2 côtés** : le côté gauche
est celui où se trouve le cœur.
Le côté droit est de l'autre côté.

❶

Arthur lève
sa jambe gauche.

❸

Ninon tient
son parapluie
dans la main droite.

❹

Manon porte son sac
sur son épaule gauche.

❷

Nina porte une bague
à la main gauche.

❺

Léon shoote
avec le pied gauche.

1. De quel côté la **voiture jaune** tourne-t-elle?

2. De quel côté la **voiture verte** tourne-t-elle?

3. De quel côté de la rue est la **maison bleue** de Lola?

4. De quel côté est la **maison rouge** de Marco?

SOLUTIONS : **1.** À droite. **2.** À gauche. **3.** À gauche. **4.** À droite.

103

Assis ou debout?

On peut se mettre dans toutes sortes de positions. Quelle est ta position préférée?

Sur le côté

À plat ventre

À genoux

Debout de face

Assis

Debout de profil

À quatre pattes

En tailleur

Accroupi

Debout de dos

Sur le dos

Retrouve les positions de chacun.

1, 2, 3...

Pour savoir combien il y a de choses ou de personnes, on compte avec des nombres.

1. Combien y a-t-il d'**avions** sur ce manège? Combien y a-t-il de **bateaux**?

2. Combien Lulu tient-il de **ballons**?

3. Combien y a-t-il d'**enfants** sur le manège?

4. Combien de **barbes à papa** Lucie a-t-elle achetées?

SOLUTIONS : 1. 6 avions, 5 bateaux. **2.** 1 ballon. **3.** 10 enfants. **4.** 4 barbes à papa.

5. Combien y a-t-il d'**arbres**?

6. Combien y a-t-il de **cabines** sur la grande roue?

7. Combien y a-t-il de **roues** sur la moto?

8. Combien de **personnes** attendent-elles leur tour?

9. Combien y a-t-il de **têtes de monstres**?

Combien ?

Il y a une erreur dans une des bulles. Trouve laquelle !

Compter juste

Dans la vie de tous les jours,
on a souvent besoin de compter.

1. Tom doit mettre **6 œufs**
dans son gâteau.
Lui en reste-t-il assez?

2. Est-ce que Lola
a apporté assez
d'**assiettes**?

3. De combien de **cases** Simon doit-il avancer?

4. C'est l'anniversaire de Léon. Quel **âge** a-t-il?

5. Combien d'**enfants** vont monter dans le bus?

1, 100, 1000...

Dans une famille ou dans un stade de foot, il n'y a pas le même nombre de personnes !

Dans cette famille, il y a **1** papa, **1** maman et **3** enfants.

Au goûter de Fred, ils sont **10** copains.

Dans la classe de musique, il y a **30** élèves.

Dans la cour de récré, il y a **100** enfants.

Cette salle de cinéma contient **300** spectateurs.

Dans ce stade, il y a **1000** supporters.

À toi de jouer

1. 6 **caniches** sautent par-dessus la corde.

2. Il y a **3 trapézistes**.

3. Le clown jongle avec **4 balles**.

4. Le magicien fait apparaître **3 colombes**.

116

Plus, moins ou autant ?

les maths

En comparant, on peut savoir s'il y a plus, moins ou autant.

1. la moto a-t-elle **plus ou moins de roues** que la voiture ?

2. Kévin a-t-il **plus ou moins de billes** que Margot ?

3. Paulette a-t-elle **plus ou moins de poires** que Thomas ?

118   **SOLUTIONS : 1.** Moins de roues. **2.** Moins de billes. **3.** Plus de poires.

4. Les chats jaunes sont-ils **plus ou moins nombreux** que les souris?

5. Quelle équipe a **le plus grand nombre** de joueurs?

6. Que remarques-tu **en comparant** ce qu'il y a dans les assiettes?

---

4. Plus nombreux. **5.** L'équipe de droite. **6.** Il y a le même nombre de fraises.

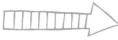
les maths

Plus, moins ou aussi ?

En comparant, trouve ce qui est vrai et ce qui est faux.

1. L'escabeau est **plus haut** que l'échelle.

2. Jules est **plus grand** que sa sœur.

3. Le garçon avec le seau est **moins gros** que le garçon avec la bouée.

4. La girafe est **aussi grande** que l'arbre.

5. Le chat est **aussi blanc** que la neige.

SOLUTIONS : **1.** Faux. **2.** Vrai. **3.** Vrai. **4.** Vrai. **5.** Vrai.

6. Cet éléphant est **aussi lourd** que la voiture.

7. La maison est **plus basse** que les immeubles.

8. Ce chien est **moins grand** que ce loup.

9. Ce dinosaure est **moins gros** que le tigre.

10. Paula a un tutu rouge. Elle est **plus mince** que Mona.

11. Le guépard court **aussi vite** que les voitures marron.

6. Faux, il est plus lourd. **7.** Vrai. **8.** Vrai. **9.** Faux. **10.** Vrai. **11.** Vrai.

À toi de jouer

Compare les 2 images et trouve les différences.

SOLUTIONS : Dans l'image du bas, il y a un arbre en moins, un canard en plus, 2 billes en plus, une boule de glace en plus.

En **plus** !

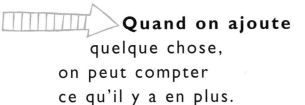 **Quand on ajoute** quelque chose, on peut compter ce qu'il y a en plus.

6 animaux
font une ronde.

2 animaux
veulent entrer
dans la ronde.

Maintenant,
combien
y a-t-il
d'animaux?

Magali joue avec **6 billes**.

Franck joue avec **4 billes**.

Ensemble, **combien Magali et Franck ont-ils de billes**?

SOLUTION : 10.

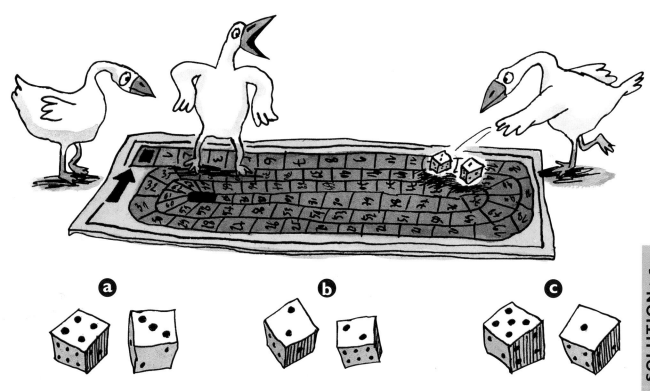

a **b** **c**

Quels sont les dés qui ont fait **le plus grand nombre**?

SOLUTION : a.

En **moins** !

➡️ **Quand on retire** quelque chose,
on peut compter ce qui reste.

Il y a
6 bateaux
sur le bassin.

2 enfants
s'en vont avec
leur bateau.

Combien
reste-t-il de
bateaux ?

Combien de **glaces** les enfants ont-ils mangées?

SOLUTION : 3.

Combien de **boules** les enfants ont-ils enlevées?

SOLUTION : 4.

À toi de jouer

Regarde bien ces deux images. Combien d'animaux ont disparu dans celle du bas ?

SOLUTIONS : 4 animaux en moins (1 canard, 2 tigres, 1 chameau).

Regarde bien ces deux images. Combien d'animaux y a-t-il en plus dans celle du bas ?

Les **numéros**

1,2,3,4,5... ces chiffres sont aussi des **numéros**.
Ils permettent de reconnaître quelque chose ou quelqu'un.

Les **joueurs de foot** ont tous un **numéro** qui correspond à leur place sur le terrain.
Comme ça, l'arbitre et les spectateurs les reconnaissent.

Les **pages d'un livre**
ont un **numéro** pour qu'on les retrouve plus facilement.

Les **immeubles** ont des **numéros**
pour indiquer exactement où les gens habitent.

Chaque personne a un **numéro de téléphone**. Il est composé de plusieurs chiffres.

Du **premier** au **dernier**

Le premier, c'est celui qui est avant tous les autres. Le dernier, c'est celui qui est après tous les autres.

Montre qui est le **premier** et qui est le **dernier**.

Tom arrive le **premier**. Vrai ou faux ?

SOLUTION : Faux, c'est Paul.

132

La famille Lapin habite au **premier**.
La famille Girafe habite au **deuxième**.
La famille Chimpanzé habite au **troisième**.
Vrai ou faux?

Quel est le numéro du cheval qui arrive en **premier**?
en **deuxième**? en **troisième**?

Combien tu **mesures** ?

 **Pour connaître sa taille,**
on se mesure avec une toise. Elle indique
les mètres (m) et les centimètres (cm).

Antoine a 2 ans.
Il mesure **80 cm**.

Alice a 4 ans.
Elle mesure **1 m**.

Louis a 10 ans.
Il mesure **1,40 m**.

Pour mesurer
les petits objets, on utilise
les centimètres (cm).

Un crayon
mesure **15 cm**.

Pour mesurer les distances, on utilise les kilomètres (km).

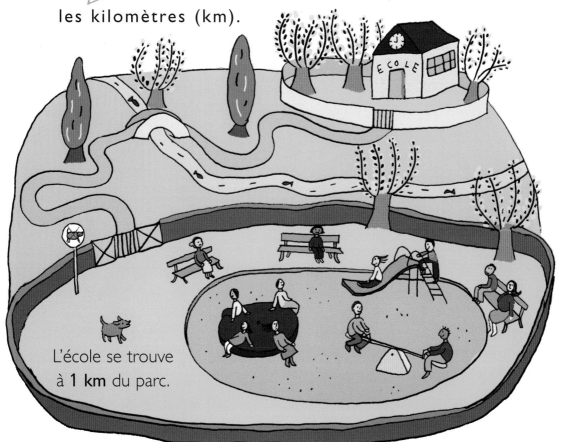

L'école se trouve à **1 km** du parc.

Pour mesurer les gros objets, on utilise les mètres (m).

Ce vélo mesure **1 m**.

Cette voiture mesure **5 m**.

Ce train mesure **25 m**.

Combien **tu pèses** ?

On mesure le poids avec une balance.

Le paquet de farine et le paquet de sucre pèsent **1 kg**.

Le grand Jeannot pèse **20 kg**.

Petit Jean pèse **10 kg**.

Jeannot achète **2 kg** de pommes.

Si c'est très lourd, on mesure en tonnes (t).

Si les choses sont très légères, on mesure leur poids en grammes (g).

Une lettre pèse **18 g**.

Un éléphant pèse **5 t**.

On mesure
la température
avec un thermomètre.
Il indique les degrés (°).

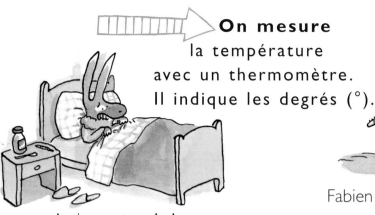

Arthur est **malade**,
sa température est de **39°**.

Fabien est en **pleine forme** :
sa température est de **37°**.

C'est l'**été**. Il fait **25°**,
Théo sort en tee-shirt.

C'est l'**hiver**. Il fait **5°**,
Lola a mis son manteau.

On mesure les liquides
en litres. La plupart des
bouteilles contiennent 1 litre (l).

À toi de jouer

Classe ces personnages du plus petit au plus grand.

Jérémie : 70 cm

Hélène : 1,20 m

Sarah : 1 m

Jacques : 1,85 m

Marie : 1,40 m

Jonathan : 1,50 m

Isabelle : 1,65 m

SOLUTION : *Jérémie, Sarah, Hélène, Marie, Jonathan, Isabelle, Jacques.*

  # Le temps

La **journée**

Dans une journée,
il y a le matin, le midi,
l'après-midi et le soir.

Le soleil se lève, c'est le **matin.**

Arthur se réveille.

Il prend son petit déjeuner.

Il arrive à l'école.

Il travaille en classe.

À **midi**, il déjeune à la cantine.

L'**après-midi**, il retourne en classe.

À 4 heures et demie, l'école est finie.

Après l'école, Arthur joue dans sa chambre.

Il prend son bain.

Le soleil se couche, c'est le **soir.**

Arthur prend son dîner.

Son papa lui lit une histoire.

Arthur dort. C'est la **nuit**.

La **Terre** et le **Soleil**

La place du Soleil dans le ciel change tout au long de la journée. Elle nous indique quel est le moment de la journée.

Au début du jour, le Soleil se lève.
C'est le **matin**. Le Soleil monte dans le ciel.

À **midi**, le Soleil est au plus haut dans le ciel. Puis il redescend.

Le **soir**, le Soleil se couche.

Tous les jours, on voit le Soleil se lever, tourner dans le ciel et se coucher... Mais, en réalité, le Soleil ne bouge pas. C'est la Terre qui tourne sur elle-même, comme une toupie, devant le Soleil.

La Terre fait **un tour** sur elle-même en **un jour** : une journée et une nuit.

❶ Il fait **jour** à Paris quand cette partie de la Terre est tournée vers le Soleil. De l'autre côté de la Terre, c'est la **nuit**.

❷ Quand la Terre a tourné, c'est la **nuit** à Paris.

❸ Le **lendemain**, c'est de nouveau le **jour** à Paris.

Combien de **temps** ça **dure** ?

Pour savoir
combien de temps
dure quelque chose
dans une journée,
on compte les heures.

La cuisson d'un gâteau dure **1 heure**.

Une matinée à l'école dure **3 heures**.

Les petits enfants dorment pendant **11 heures**.

Quand quelque chose dure peu de temps, on compte les minutes.

Un œuf à la coque cuit en **3 minutes**.

La récréation dure **15 minutes**.

Une mi-temps de foot dure **45 minutes**.

Quand quelque chose dure très, très peu de temps, on compte les secondes.

Une seconde, c'est le temps qu'il faut pour taper dans ses mains.

Un champion met **10 secondes** pour courir un 100 mètres.

La **semaine**

Une semaine dure 7 jours.
Chaque jour de la semaine porte un nom différent.

Lundi, les enfants vont à la piscine.

Mardi, ils font de la gymnastique dans le préau de l'école.

Mercredi, il n'y a pas d'école. Les enfants jouent avec leurs copains.

Jeudi, les enfants chantent à la chorale.

Vendredi, ils préparent le spectacle pour la kermesse.

Samedi, les enfants font des courses
avec leurs parents.

Dimanche, ils vont parfois
se promener en forêt.

En vacances,
on s'amuse tous les jours!

L'année

Une année dure 12 mois.
Chaque mois porte un nom différent.

Le 1er janvier, une nouvelle
année commence.

En février, on fête carnaval.

En mars, c'est le début du printemps.

Beaucoup de bébés
animaux naissent en avril.

En mai, les arbres sont en fleurs.

À la fin du mois de juin,
c'est la fête de l'école.

Les grandes vacances
commencent en **juillet**.

En **août**, les enfants jouent sur la plage.

En **septembre**, c'est la rentrée.

Le 31 **octobre**, c'est halloween.

En **novembre**, c'est l'automne.
Les feuilles tombent des arbres.

En **décembre**, on prépare le sapin
pour fêter Noël.

Combien de **temps** ça **dure** ?

Il y a des événements qui durent plus ou moins longtemps dans une année.

La fête de carnaval dure **1 jour**.

Dans une année, il y a 4 saisons. Chaque saison dure **3 mois**.

Hiver

Printemps

Été

Automne

Il y a **1 an** entre deux anniversaires.

Un bébé chat devient grand en **6 mois.**

Un bébé reste **9 mois** dans le ventre de sa maman.

Lire l'**heure**

Le temps

➡ **Cherche** tous les objets qui donnent l'heure.

SOLUTIONS : La montre, la pendule, l'horloge, le téléphone portable.

➡ **Sur une montre**, la petite aiguille indique les heures.

Il est **1 heure**.

Il est **3 heures**.

Il est **8 heures**.

La grande aiguille indique les minutes.

1 heure et 5 minutes
Il est 1 h 5

1 heure et 10 minutes
Il est 1 h 10

1 heure et 15 minutes
Il est 1 h et quart

1 heure et 20 minutes
Il est 1 h 20

1 heure et 25 minutes
Il est 1 h 25

1 heure et 30 minutes
Il est 1 h et demie

2 heures moins 25 minutes
Il est 2 h moins 25

2 heures moins 20 minutes
Il est 2 h moins 20

2 heures moins 15 minutes
Il est 2 h moins le quart

2 heures moins 10 minutes
Il est 2 h moins 10

2 heures moins 5 minutes
Il est 2 h moins 5

Quelle heure est-il ?

SOLUTION : Il est 2 h.

À toi de jouer

Retrouve les pendules qui indiquent la même heure.

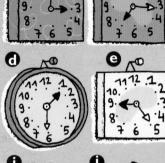

Retrouve quel est le moment de la journée : le matin, l'après-midi, le soir ou la nuit ?

a

b

c

d

Retrouve quelle est la saison.